# Heiner Rusche

# DAS LIEDERBUCH

Das Liederbuch zur CD:

# MEiN KiNDERLiEDER JAHR

Mit Spielideen von Christian Hüser

**JANUAR**

**FEBRUAR**

**MÄRZ**

**APRIL**

**MAI**

**JUNI**

**JULI**

**AUGUST**

**SEPTEMBER**

**OKTOBER**

**NOVEMBER**

**DEZEMBER**

# Inhaltsverzeichnis

| | | |
|---|---|---|
| Vorwort | | 6 |
| Erläuterungen zum Liederbuch | | 7 |
| | | |
| **Willkommen neues Jahr** | (Noten in E-Dur) | 8 |
| Willkommen neues Jahr | (Text und Akkorde in E-Dur) | 9 |
| Willkommen neues Jahr | (Noten in C-Dur) | 10 |
| Willkommen neues Jahr | (Text und Akkorde in C-Dur) | 11 |
| | | |
| **Alle wollen feiern** | (Noten) | 12 |
| Alle wollen feiern | (Text und Akkorde) | 13 |
| | | |
| **Der Frühling malt die Erde bunt** | (Noten) | 14 |
| Der Frühling malt die Erde bunt | (Text und Akkorde) | 15 |
| | | |
| **Der Oster-Rock´n´Roll** | (Noten in E-Dur) | 16 |
| Der Oster-Rock´n´Roll | (Text und Akkorde in E-Dur) | 17 |
| Der Oster-Rock´n´Roll | (Noten in D-Dur) | 18 |
| Der Oster-Rock´n´Roll | (Text und Akkorde in D-Dur) | 19 |
| | | |
| **Danke liebe Mama** | (Noten) | 20 |
| Danke liebe Mama | (Text und Akkorde) | 21 |
| | | |
| **Hallo liebe Sonne** | (Noten) | 22 |
| Hallo liebe Sonne | (Text und Akkorde) | 23 |
| | | |
| **Strahlend blauer Himmel** | (Noten) | 24 |
| Strahlend blauer Himmel | (Text und Akkorde) | 25 |
| | | |
| **Ferien im Zelt** | (Noten) | 26 |
| Ferien im Zelt | (Text und Akkorde) | 27 |
| | | |
| **Danke Sommer** | (Noten) | 28 |
| Danke Sommer | (Text und Akkorde) | 29 |

**Flieg mein Drachen, flieg!**  (Noten)  30
 Flieg mein Drachen, flieg!  (Text und Akkorde)  31

**Eine Laterne basteln wir**  (Noten)  32
 Eine Laterne basteln wir  (Text und Akkorde)  33

**Ein Jahr geht nun vorbei**  (Noten in E-Dur)  34
 Ein Jahr geht nun vorbei  (Text und Akkorde in E-Dur)  35
 Ein Jahr geht nun vorbei  (Noten in C-Dur)  36
 Ein Jahr geht nun vorbei  (Text und Akkorde in C-Dur)  37

**Gitarren-Grifftabelle**  38
**Ukulelen-Grifftabelle**  39

**Spielideen**
 Januar . . . . . . . . . . . . . . . . . . . . . . . . . . . 40
 Februar . . . . . . . . . . . . . . . . . . . . . . . . . . 41
 März . . . . . . . . . . . . . . . . . . . . . . . . . . . . 42
 April . . . . . . . . . . . . . . . . . . . . . . . . . . . . 44
 Mai . . . . . . . . . . . . . . . . . . . . . . . . . . . . . 46
 Juni . . . . . . . . . . . . . . . . . . . . . . . . . . . . . 47
 Juli . . . . . . . . . . . . . . . . . . . . . . . . . . . . . 48
 August . . . . . . . . . . . . . . . . . . . . . . . . . . 49
 September . . . . . . . . . . . . . . . . . . . . . . . . . 51
 Oktober . . . . . . . . . . . . . . . . . . . . . . . . . 52
 November . . . . . . . . . . . . . . . . . . . . . . . . . 53
 Dezember . . . . . . . . . . . . . . . . . . . . . . . . . 54
**Monats-Memo**  55

**Heiner Rusche** – Der Musiker für Kinder  56
 Veröffentlichungen  57
 Aktuelle CDs  58
**Christian Hüser** – Kinderliedermacher, Freund und Coautor in diesem Buch  59

# Vorwort

## Mit Musik, Tanz, Bewegung und Spielen Kinder durch das Jahr begleiten

Wieder einmal ist es meinem lieben Freund und Kinderliedermacher-Kollegen Heiner Rusche gelungen, eine tolle Kinderlieder-CD zu produzieren. Die CD *„Mein Kinderlieder Jahr"* bietet sehr viele Möglichkeiten, nicht nur Musik zu hören, sondern auch Musik selber zu spielen und vor allem eins, sich mit den einzelnen Monaten des Jahres zu beschäftigen. Heiner hat mich gebeten, einige Spielideen für sein Liederbuch *„Mein Kinderlieder Jahr"* zusammenzustellen. Dieses habe ich gerne gemacht und freue mich für Heiner über eine tolle Veröffentlichung. Die von mir vorgeschlagenen Spiele zu den jeweiligen Monaten haben teilweise Bezug zu den Liedern der CD, teilweise sind es aber auch Spielideen, die sich einfach mit der Jahreszeit oder dem jeweiligen Monat beschäftigen. Spielen sie wieder! Lassen sie Ihre Kinder Entdecker und Musiker werden! Ich wünsche ihnen, und besonders allen Kindern, viel Freude und schöne Spielmomente mit den Liedern von Heiner Rusche.

*Christian Hüser – Kinderliedermacher*
*www.christianhueser.de*

EAN 4032289005670

## „Mein Kinderlieder Jahr"

Mit *„Mein Kinderlieder Jahr"* veröffentlicht Heiner Rusche bereits seine zehnte eigene CD. Auf diesem Album geht es mit viel Schwung und Bewegung einmal quer durch das Kinderliederjahr. Da begrüßt Heiner das neue Jahr im Januar und feiert mit den Kindern im Februar Karneval. Im März malt der Frühling die Erde bunt, im April rockt der Osterhase und die Kinder singen zum Muttertag im Mai. So geht es weiter durch das gesamte Kinderliederjahr. Für alle kleinen Sänger gibt es zusätzlich die Playbacks auf der CD.

### Das Liederbuch

Für alle 12 Titel gibt es die Noten in der Original Version, wie auf der CD. Bei einigen Titeln wurde eine weitere Version in einer anderen Tonart notiert, um eine einfache Begleitung auf der Gitarre oder Ukulele zu ermöglichen. So können alle Lieder mit recht einfachen Akkorden (ohne Barré-Griffe) begleitet werden. Eine Grifftabelle befindet sich auf Seite 38 u. 39.

Für geübte Chorsänger/innen gibt es die zweite Stimme in einer zusätzlichen Notenzeile. Die notierten Chorstimmen sind identisch mit der CD.

Das vor den Noten angegebene Tempo ist original wie auf der CD.

### Die Ukulele   *Heiners Lieblingsinstrument!*

Alle Lieder, bei denen sich eine Begleitung mit der **Ukulele** anbietet, sind mit einem Ukulelensymbol gekennzeichnet. Kaum ein Instrument ist geeigneter für das Musizieren mit Kindern, als die Ukulele. Sie klingt wunderbar und ist sehr einfach zu spielen. Oft reicht nur ein

Finger aus, um wichtige Akkorde zu greifen. Schon nach wenigen Übungsstunden wird ein Anfänger mit wunderbaren musikalischen Erfolgen belohnt. Selbst kleine Kinderhände finden sich problemlos und schnell auf der Ukulele zurecht. Die Ukulele ist klein und handlich.

Eine Ukulelen-Grifftabelle befindet sich auf Seite 39.

### Playbacks

Für alle Lieder wurden zusätzlich die Playbacks auf die CD geschrieben. Sie laden zum Singen ein und können hervorragend als fetzige Begleitung für den gesamten Kinderchor genutzt werden.

Doch wer kann, sollte selbst zum Instrument greifen. Selber begleiten schafft viel mehr Freiheit. So kann man im eigenen Tempo spielen oder viel besser auf Stimmungen eingehen. Bei einigen Titeln bietet es sich sogar an, eigene Strophen zu texten. Sicher finden die Kinder z.B. bei „Eine Laterne basteln wir" einige weitere Utensilien, die beim Basteln gebraucht werden.

# Willkommen neues Jahr

**Lied Nr. 1 - CD:** *„Mein Kinderlieder Jahr"*

Musik: Heiner Rusche – Christian Hüser – Dennis Niemeyer
Text: Heiner Rusche
Notensatz: Susanne Kuhlbusch

*Original in **E-Dur** - wie auf der CD*

( ♩ =160 )

1. Winkt Euch zu. Hal - lo! Hal - lo! Will - kom-men Ja - nu - ar.

Winkt und schwenkt die Hän - de hoch. Be - grüßt das neu - e Jahr.

**Refrain**

Wir grüs - sen dich: "Hal - lo! Hal - lo!" "Will - kom - men neu - es Jahr! Wir

freu - en uns, wie wun - der - bar: "Will - kom - men neu - es Jahr."

# Willkommen neues Jahr

*Original in **E-Dur** - wie auf der CD*

E
1. Winkt euch zu. Hallo! Hallo!

  A         H
Willkommen Januar.

A      H       E   C#m
Winkt und schwenkt die Hände hoch.

  A      H    E
Begrüßt das neue   Jahr.

*Refrain:*
  E
**Wir grüßen dich: "Hallo! Hallo!"**

   A       H
**"Willkommen neues Jahr!"**

   A   H   E   C#m
**Wir freuen uns, wie wunderbar:**

   A    H   E
**"Willkommen neues Jahr!"**

  E
2. Winkt euch zu. Hallo! Hallo!

   A       H
Die Zeit bleibt niemals steh´n.

A    H    E    C#m
Februar, März, April und Mai,

  A    H   E
so wird es weiter geh´n.

*Refrain:*
**Wir grüßen dich: "Hallo! Hallo!"**

   E
3. Winkt euch zu. Hallo! Hallo!

   A      H
So geht ein Jahr voran.

A  H   E    C#m
Juni, Juli und August

A    H    E
und September dann.

*Refrain:*
**Wir grüßen dich: "Hallo! Hallo!"**

   E
4. Winkt euch zu. Hallo! Hallo!

   A      H
Oktober käme dann.

  A   H   E    C#m
November und Dezember noch,

   A   H   E
dann fängt´s von vorne  an.

*Refrain:*
**Wir grüßen dich: "Hallo! Hallo!"**

# Willkommen neues Jahr

**C-Dur**

In **C-Dur** lässt sich „Willkommen neues Jahr" ideal mit der Ukulele begleiten und eine leichte Gitarrenbegleitung kommt ohne Barré-Griffe aus.
Gitarren-Grifftabelle Seite 38 – Ukulelen-Grifftabelle Seite 39

( ♩=160 )

C · · · · F · G

1.Winkt Euch zu. Hal - lo! Hal - lo! Will - kom -men Ja - nu - ar.

F · G · C · Am · F · G · C

Winkt und schwenkt die Hän - de hoch. Be - grüßt das neu -e Jahr.

**Refrain** C · · · · F · G

Wir grüs -sen dich: "Hal -lo! Hal -lo!" "Will -kom -men neu - es Jahr! Wir

F · G · C · Am · F · G · C

freu -en uns, wie wun - der -bar: "Will - kom -men neu -es Jahr."

# Willkommen neues Jahr

```
    C
1. Winkt euch zu. Hallo! Hallo!

     F              G
Willkommen Januar.

F         G           C      Am
Winkt und schwenkt die Hände hoch.

     F         G        C
Begrüßt das neue   Jahr.
```

*Refrain:*
```
    C
Wir grüßen dich: "Hallo! Hallo!"

      F              G
"Willkommen neues Jahr!"

    F       G       C     Am
Wir freuen uns, wie wunderbar:

      F       G       C
"Willkommen neues Jahr!"
```

```
   C
2. Winkt euch zu. Hallo! Hallo!

     F              G
Die Zeit bleibt niemals steh´n.

F       G       C       Am
Februar, März, April und Mai,

     F       G       C
so wird es weiter geh´n.
```

*Refrain:*
**Wir grüßen dich: "Hallo! Hallo!"**

```
   C
3. Winkt euch zu. Hallo! Hallo!

     F              G
So geht ein Jahr voran.

F    G   C    Am
Juni, Juli und August

F       G       C
und September dann.
```

*Refrain:*
**Wir grüßen dich: "Hallo! Hallo!"**

```
   C
4. Winkt euch zu. Hallo! Hallo!

     F              G
Oktober käme dann.

     F       G   C       Am
November und Dezember noch,

      F       G       C
dann fängt´s von vorne  an.
```

*Refrain:*
**Wir grüßen dich: "Hallo! Hallo!"**

# Alle wollen feiern

**Ukulele**

FEBRUAR

Lied Nr. 2 - CD: *„Mein Kinderlieder Jahr"*

Musik: Heiner Rusche
Text: Heiner Rusche – Stephen Janetzko
Notensatz: Susanne Kuhlbusch

( ♩=170 )

**Refrain**

Em7 · A7 · Em7 · A7 · Em7 · A7 · Em7

Al-le wol-len fei-ern, ha - ben mäch-tig Spaß. Al-le wol-len fei-ern, ge -

A7 · Em7 · A7 · Em7 · A7

ben rich-tig Gas. Al-le wol-len fei-ern, tan - zen wild her-um. Und

G · D · A

die Mu-sik macht BUM-BUM-BUM!

D(Hm) · G · D · [1.–4.] A

1. Wollt ihr heut ge - nervt aus - sehn? NEIN, das woll'n wir nicht!
Und da - bei nur Däum-chen drehn?
Wollt ihr euch den Tag ver - bocken?
Und nur in der E - cke hocken?

D(Hm) · G · D · [1.–3.] A

2. Wollt ihr lan - ge Schnu-ten ziehn? NEIN, das woll'n wir nicht!
Und vor gu - ter Lau - ne fliehn?
Spaß _ - brem-sen, muss das sein?
Muf - fe - lig und ganz al - lein?

[4.] A · Zwischenteil · D · G · A · D

nicht! Oh je, oh je, was wollt ihr bloß? Kommt, sagt es mir. Auf 4 gehts los!

... | 1 – 2 – 3 – 4 |

```
Em7        A7     Em7          A7
```
**Alle wollen feiern, haben mächtig Spaß.**
```
Em7        A7     Em7          A7
```
**Alle wollen feiern, geben richtig Gas.**
```
Em7        A7     Em7          A7
```
**Alle wollen feiern, tanzen wild herum.**
```
     G              D            A
```
**Und die Musik macht: Bum! - Bum! - Bum!**

```
     D (Hm)*            G              D                A
```
3. Wollt ihr jetzt nach Hause gehn?     NEIN das woll´n wir nicht!"
```
     D (Hm)*       G                    D                A
```
Gelangweilt in die Glotze sehn?         NEIN das woll´n wir nicht!"
```
D (Hm)*          G                      D                A
```
Einsam geht's ins Internet?             NEIN das woll´n wir nicht!"
```
      D (Hm)*   G                        D               A
```
Statt Party ganz allein im Chat?        NEIN das woll´n wir nicht!"

*Zwischenspiel*
```
A               D
```
Oh je, oh je, was wollt ihr bloß?
```
D          G       A      D
```
Komm, sagt es mir. Auf 4 geht's los!  …  **1 – 2 – 3 – 4 !**

*Refrain*
**Alle wollen feiern, haben mächtig Spaß …**


**\* Gitarren- oder Ukulelenbegleitung:**
Eigentlich wird in der Strophe ein **Hm** gespielt. Das klingt viel schöner. Der **D** Akkord ist dafür sowohl auf der Gitarre, als auch auf der Ukulele viel leichter zu greifen und passt auch … Geschmackssache!
Gitarren-Grifftabelle Seite 38

**Begleitung mit Ukulele**
Auf der CD wird das Lied mit einer Ukulele begleitet. Das geht zum einem mit den Original Griffen. Ich vereinfache es mir ein wenig und setzte ein Kapodaster in den zweiten Bund. Außerdem spiele ich statt des Em7 ein G.
Ukulelen-Grifftabelle Seite 39

MÄRZ

# Der Frühling malt die Erde bunt

Lied Nr. 3 - CD: *„Mein Kinderlieder Jahr"*

Musik & Text: Heiner Rusche
Notensatz: Susanne Kuhlbusch

( ♩=100 )

**Refrain**

Der Früh-ling malt die Er-de bunt, in vie-len Far-ben kun-ter-bunt. Wie

far-ben-froh wird nun die Welt in Rot und Blau und Grün und Gelb.

1. Ganz früh be-ginnt er schon sein Werk, im Win-ter noch bei

Schnee und Eis. Ein Schnee-glöck-chen, klein, wie ein Zwerg,

trotzt dem Win-ter, blüht in Weiß.

# Der Frühling malt die Erde bunt

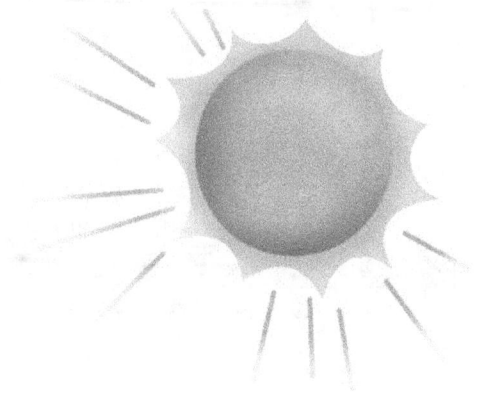

*Refrain*

     D       Dsus4     D     Dsus4
**Der Frühling malt die Erde bunt,**

  D     Dsus4    D     Dsus4
**in vielen Farben, kunterbunt.**

   Am    C       Am     C
**Wie farbenfroh wird nun die Welt,**

  A     G     D
**in Rot und Blau und Grün und Gelb.**


     G              D
1. Ganz früh beginnt er schon sein Werk,

  G               D
im Winter noch bei Schnee und Eis.

  A             D  G
Ein Schneeglöckchen, klein wie ein Zwerg,

D      A     D
trotzt dem Winter, blüht in Weiß.


*Refrain*
**Der Frühling malt die Erde bunt …**


  G              D
2. Winter ade und dann geht's los.

G               D
Weit und breit sprießt Gras und Moos.

  A          D  G
Er malt im satten Frühlings Grün

   D     A    D
die Wiese, in der Blumen blüh'n.


*Refrain*
**Der Frühling malt die Erde bunt …**


   G           D
3. Dann malt er Blumen, jetzt wird's bunt.

  G         D
In jeder Farbe, die gefällt.

  A         D  G
Dazu am Himmel Gelb und rund,

D     A    D
strahlt die Sonne auf die Welt.


   D     Dsus4       D     Dsus4

Rot und Blau und Grün und Gelb
*(wird bis zum Ende des Refrains durchgesungen)*


*Refrain*
**Der Frühling malt die Erde bunt …**


*Gitarren-Grifftabelle auf Seite 38*

# Der Oster-Rock´n´Roll
## Der Osterhasen Hit

Lied Nr. 4 - CD: *„Mein Kinderlieder Jahr"*

Musik: Heiner Rusche – Stephen Janetzko
Text: Stephen Janetzko
Notensatz: Susanne Kuhlbusch

( ♩=152 )  Original in **E-Dur** - wie auf der CD

1. Al - le Ha - sen lau - fen end - lich los ren - nen wie ver - rückt.

Denn die Ei - er sind schon bunt ge - färbt für das O - ster - glück.

Und sie lau - fen im - mer schnel - ler für den gro - ßen Tag,

in dem Korb die O - ster - ei - er, die ein je - der mag! Das ist der

Oster-Rock-'n-Roll, den fin-den al-le Ha-sen toll! Das ist der Oster-Rock, das ist der Oster-rock, das ist der Oster-rock-'n-roll!

*E*

2. Alle Hasen hoppeln hin und her 1-2-3,
*E*        *H*
hüpfen kreuz und quer.
*H*
Um die Ecken, Hecken, jeden Baum 1-2-3,
*H*        *E*
das ist gar nicht schwer.
*Hm*
Und sie schlagen tolle Haken
*Hm*
für den großen Tag,
*Hm*
in dem Korb die Ostereier,
*H*
die ein jeder mag!

*Refrain*
**Das ist der Oster-Rock´n´Roll …**

*E*

3. Alle Hasen springen in die Luft 1-2-3,
*E*        *H*
und von Haus zu Haus.
*H*
Ganz egal, ob Du sie sehen kannst 1-2-3,
*H*        *E*
hören nicht mehr auf!
*Hm*
Sie verteilen, was sie haben,
*Hm*
für den großen Tag,
*Hm*
in dem Korb die Ostereier,
*H*
die ein jeder mag!

*Refrain*
**Das ist der Oster-Rock´n´Roll …**

# Der Oster-Rock´n´Roll

*Für eine einfache Begleitung mit Gitarre oder Ukulele in:* **D-Dur**

**Ukulele**

( ♩=152 )

1. Al - le Ha-sen lau-fen end-lich los 1-2-3 ren-nen wie ver-rückt.

Denn die Ei-er sind schon bunt ge-färbt 1-2-3 für das O-ster- glück.

Und sie lau-fen im-mer schnel-ler für den gro-ßen Tag,

in dem Korb die O-ster-ei-er, die ein je-der mag! Das ist der

O-ster-Rock-´n-Roll, den fin-den al-le Ha-sen toll!

Refrain

**G** ... **D**

Das ist der O-ster-Rock, das ist der O-ster-rock, das ist der

**A** ... **D**

O-ster-rock-'n - roll!

Video unter:
www.heiner-rusche.de

*D*
2. Alle Hasen hoppeln hin und her 1-2-3,
*D*         *A*
hüpfen kreuz und quer.
*A*
Um die Ecken, Hecken, jeden Baum 1-2-3,
*A*        *D*
das ist gar nicht schwer.
*Am*
Und sie schlagen tolle Haken
*Am*
für den großen Tag,
*Am*
in dem Korb die Ostereier,
*A*
die ein jeder mag!

*Refrain*
**Das ist der Oster-Rock´n´Roll …**

*D*
3. Alle Hasen springen in die Luft 1-2-3,
*D*         *A*
und von Haus zu Haus.
*A*
Ganz egal, ob Du sie sehen kannst 1-2-3,
*A*        *D*
hören nicht mehr auf!
*Am*
Sie verteilen, was sie haben,
*A*
für den großen Tag,
*Am*
in dem Korb die Ostereier,
*A*
die ein jeder mag!

*Refrain*
**Das ist der Oster-Rock´n´Roll …**

# Danke liebe Mama

MAI

Lied Nr. 5 - CD: *„Mein Kinderlieder Jahr"*
Musik & Text: Heiner Rusche
Notensatz: Susanne Kuhlbusch

( ♩=80 )

**G**  **C**  **G**  **C**

1. Heu - te gibt es Blu - men, ein Früh - stück für dich.

**G**  **C**  **D**

Al - le hab'n dich lieb und freu - en sich für dich. Und das

**C**  **G**  **C**  **G**

Lied für dich mit dem ich Dan - ke sag, das

**C**  **G**  **D**  **D⁷**  **G**  Refrain

Lied für dei - nen Tag, das sin - ge ich. Ich sa - ge:

**D**  **G**  **D**  **G**

"Dan - ke lie - be Ma - ma. Ich hab dich lieb." Das

**D**  **G**  **D**  **D⁷**  **G**

sag ich je - den Tag nicht nur zum Mut - ter - tag.

```
        G              C
1. Heute gibt es Blumen,
          G                 C
ein Frühstück für dich.
G                      C
Alle hab´n dich lieb
          D
und freuen sich für dich.


D          C        G
Und das Lied für dich,
G              C        G
mit dem ich Danke sag,
      C          G
das  Lied für deinen Tag,
        D    D7  G
das  sin - ge    ich.
```

*Refrain*
```
G            D           G
```
**Ich sage: "Danke liebe Mama."**
```
      D          G
```
**Ich hab dich lieb.**
```
      D              G
```
**Das sag ich jeden Tag,**
```
G              D   D7  G
```
**nicht nur zum Mutter  -  tag.**

```
          G                 C
2. Und bin ich auch schon groß,
       G               C
sitz ich auf deinem Schoß.
        G             C
Ganz kuschelig und warm
        D
lieg ich in deinem Arm.
```

```
D      C       G
Und das Lied für dich,
G              C        G
mit dem ich Danke sag,
         C        G
das Lied für deinen Tag,
         D    D7  G
das  sin - ge    ich.
```

*Refrain*
**Ich sage: "Danke liebe Mama."**

```
      G                    C
3. Wünsche dir viel Sonnenschein
       G                C
und Glück zum Muttertag.
G                       C
Drück dich fest und zeige dir,
          D
wie sehr ich dich mag.
```

```
D          C        G
Und das Lied für dich,
G              C        G
mit dem ich Danke sag,
            C        G
das  Lied für deinen Tag,
         D    D7  G
das  sin - ge    ich.
```

*Refrain*
**Ich sage: "Danke liebe Mama."**

# Hallo liebe Sonne

Lied Nr. 6 - CD: *„Mein Kinderlieder Jahr"*
Musik & Text: Heiner Rusche
Notensatz: Susanne Kuhlbusch

( ♩ =95 )

1. Hal - lo lie - be Son - ne __ Wo hast du dich ver - steckt?

Hal - lo lie - be Son - ne! __ Wo hast du dich ver - steckt?

Hal - lo lie - be Son - ne! ___ Schläfst du et - wa noch? Dann

wirst du jetzt von uns ge - weckt.

Refrain

Hal - lo Son - ne! Hal - lo Son - ne! Auf - ge - wacht! ___ Auf - ge - wacht! ___

Hal - lo Son - ne! Hal - lo Son - ne! Werd schnell wach! ___ Werd schnell wach! ___

Hal - lo Son - ne! Hal - lo Son - ne! Auf - ge - wacht! ___ Auf - ge - wacht! ___

Und vom Him - mel wird ge - lacht!

    *C*
1. Hallo liebe Sonne!
    *G*
Wo hast du dich versteckt?
*F*
Hallo liebe Sonne!
     *C*
Wo hast du dich versteckt?
*C*
Hallo liebe Sonne!
*Am*        *F*
Schläfst du etwa noch?
     *C*        *G*   *C*
Dann wirst du jetzt von uns geweckt.

*Refrain*
*G*
**Hallo Sonne!**     **Hallo Sonne!**
*C*
**Aufgewacht!**     **Aufgewacht!**
*G*
**Hallo Sonne!**     **Hallo Sonne!**
*C*
**Werd´ schnell wach!**   **Werd´ schnell wach!**
*G*
**Hallo Sonne!**     **Hallo Sonne!**
*C*
**Aufgewacht!**     **Aufgewacht!**
*G*        *F*   *C*
**Und vom Himmel wird gelacht!**

    *C*
2. Hallo liebe Sonne!
    *G*
Wo hast du dich versteckt?
*F*
Hallo liebe Sonne!
     *C*
Wo hast du dich versteckt?
*C*
Hallo liebe Sonne!
   *Am*        *F*
Warum ist es heut so grau?
*C*       *G*       *C*
Warum ist der Himmel heut bedeckt?

*Refrain*
**Hallo Sonne! ...**

    *C*
3. Hallo liebe Sonne!
    *G*
Wo hast du dich versteckt?
*F*
Hallo liebe Sonne!
    *C*
Wo hast du dich versteckt?
*C*
Hallo liebe Sonne!
   *Am*    *F*
Wo steckst du bloß?
*C*      *G*        *C*
Kletter rauf zum Himmel, mach dich groß!

Für eine Ukulelenbegleitung ist von den Liedern der CD „*Mein Kinderlieder Jahr*" kaum eines besser geeignet, als „*Hallo liebe Sonne*".
(siehe Video unter: www.heiner-rusche.de)

Ukulelen-Grifftabelle auf Seite 39

JULI

# Strahlend blauer Himmel

Lied Nr. 7 - CD: *„Mein Kinderlieder Jahr"*

Musik & Text: Heiner Rusche

Notensatz: Susanne Kuhlbusch

( ♩ =105 )

**Refrain**

C     G⁷     G    G⁷     C

Strah - lend blau - er   Him - mel,   Som - mer, Son - ne,   Strand.

F     G    G⁷     C

Das macht gu - te Lau - ne.   U - no! Dos! Tres! Damm!   Damm!    1. Wo -

F     C     G    G⁷     C

hin, das ist uns   ganz e - gal,   e - gal in wel - ches   Land.    Ans

F     C     G       G⁷    C    G⁷ C

Mit - tel - meer? 'Ne gu-te Wahl!   O - der an den Nord - see - strand.    2. Was

F     C     G      G⁷     C

ma - chen   wir dann   wohl am Strand?   Bud - del bud - del, pit - sche patsch!   Wir

F     C     G      G⁷     C

bau - en ei - ne   Burg aus Sand.   Be - schmeis - sen uns mit   Matsch.

**Zwischenteil**

Heis-ser Sand! | Son-nen-schein! | Für die Kin-der - schar.

Al - les klar! | Wun -der-bar! | Was kann schö -ner sein? Als..

*Refrain*

C             G7
**Strahlend blauer Himmel,**
G      G7   C
**Sommer, Sonne, Strand.**
C             F
**Das macht gute Laune.**
G     G7           C
**Uno! Dos! Tres! ... Damm! Damm!**

      F            C
1. Wohin, das ist uns ganz egal,
 G    G7    C
egal in welches Land.
    F          C
Ans Mittelmeer? ´ne gute Wahl!
G       G7    C
Oder an den Nordseestrand.

      F         C
2. Was machen wir dann wohl am Strand?
G        G7    C
Buddel buddel, pitsche patsch!
    F        C
Wir bauen eine Burg aus Sand.
G       G7    C
Beschmeißen uns mit Matsch.

G7           C
Heißer Sand! ... Sonnenschein!
G7          C
Für die Kinderschar.
G7          C
Alles klar! ... Wunderbar!
G      G7    C
Was kann schöner sein? ... (als)

*Refrain*
**Strahlend blauer Himmel, ...**

        F           C
3. Im Wasser dann bei Wellengang,
    G       G7   C
ein Reifen wird zur Hochseeyacht.
     F        C
Bei Seegang tobt mit Sang und Klang
G  G7   C
eine Wasserschlacht.

Heißer Sand! ... Sonnenschein! ...

*Refrain*
**Strahlend blauer Himmel, ...**

**Ukulele**

# Ferien im Zelt

Lied Nr. 8 - CD: *„Mein Kinderlieder Jahr"*
Musik u. Text: Heiner Rusche
Notensatz: Susanne Kuhlbusch

( ♩ =90 )

1. Ein - mal woll - ten wir ver - rei - sen, in die wei - te Welt, zum Pal - men -strand und Kin - der -club und was uns so ge - fällt.

2. Doch Pa - pa ___ sagt: "Draus wird wohl nix. ___ Wir ha - ben gar kein ___ Geld." Was nun, es sind doch Fe - ri - en. ___ Die schön - ste ___ Zeit der Welt.

3. Wie wär's denn da - mit, ___ das ge - fällt. ___ Das ist die I -_ dee. Ein gan - zer Ur -_ laub mit dem Zelt ___ an un -s'rem ___ Bag -ger - see.

**Refrain**

| D | G | D | A |
|---|---|---|---|
| Eins und Zwei und | Drei und Vier ____ | Zel - ten fah - ren | wir! |

| D | G | D A | D |
|---|---|-----|---|
| Fünf und Sechs und | Sie - ben ____ es wird | nicht zu Haus ge - | blie - ben. ____ |

**Zwischenteil**

| $Em^7$ | | $A^7$ | D |
|--------|---|-------|---|
| Wo -hin? | Wo -hin? | Wo - hin fah - ren | wir? |

4. So fahr'n wir alle, mit dem Rad
gepackt mit Sack und Pack
zu unserem kleinen Campingplatz.
Ja das ist toll, das hat's.

*Zwischenteil*
*Wohin? Wohin?* **„Wohin fahren wir?"**

5. Von früh bis spät in der Natur,
frische Luft rund um die Uhr,
ganz allein auf weiter Flur,
das ist Abenteuer pur.

*Refrain*
**Eins und Zwei und Drei und Vier ...**

*Zwischenteil*
*Wohin? Wohin?* **„Wohin fahren wir?"**

6. Es wird gesungen und gelacht,
spät am Lagerfeuer.
Lecker Stockbrot wird gemacht.
Ist das ein Abendteuer.

*Zwischenteil*
*Wohin? Wohin?* **„Wohin fahren wir?"**

7. Erst ganz schön spät, fast Mitternacht,
geht's kuschelig warm ins Zelt hinein.
Im Schlafsack haben wir gedacht:
"Ach könnten immer Ferien sein."

*Refrain*
**Eins und Zwei und Drei und Vier ...**

*Zwischenteil*
*Wohin? Wohin?* **„Wohin fahren wir?"**

**Ukulele**

SEPTEMBER

# Danke Sommer

Lied Nr. 9 - CD: *„Mein Kinderlieder Jahr"*
Musik u. Text: Heiner Rusche
Notensatz: Susanne Kuhlbusch

( ♩=80 )

**Refrain**

Dan-ke Som - mer, es war so schön! Mit Dir zu-sam - men auf Rei-se geh'n.

Tschüss, mach's gut. Ich freu mich schon. Ich freu mich auf ein Wie-der-sehn.

1. Zwi - schen Som -mer und Win -ter, da kommt der gros -se

Wind. Die Vö - gel, die flie -gen zum Sü - den ge - schwind. Vor -

bei ist nun der Som - mer. Wir freu - en uns schon,

1.—4.

wenn im näch -sten Früh - ling der er - ste Vo - gel singt.

**D** ... **A** ... **A⁷** ... **D**

Dan-ke Som - mer, es | war so schön! Mit | dir zu-sam - men auf | Rei-se geh'n.

**A** ... **A⁷**

Tschüss, mach's gut. Ich | freu mich schon. Ich | freu mich auf ein

8

**D** ... **A⁷** ... **D**

Wie-der-sehn. Ich | freu mich auf ein | Wie-der-sehn.

Dm       F

2. Als du im späten Sommer
C       G
am Strand gebadet hast,
Dm       F
hat sich der Storch auf seinen
C       G
langen Weg gemacht.
   F       C
Früh morgens schon ganz leise,
   F       C
verlässt er schon sein Nest.
   F       C
Er fliegt so weit bis Afrika,
   G       C
er hat die längste Reise.

*Refrain*
**Danke Sommer, es war so schön! ...**

Dm       F

3. Die Nächte werden länger,
C       G
die Tage kürzen sich.
Dm       F
Nun beginnt die dunkle Zeit,
   C       G
der Winter ist nicht weit.
   F       C
Doch vorher kommt der goldene Herbst,
   F       C
bringt Äpfel und Gemüse.
   F       C
Er färbt so bunt den ganzen Wald
   G       C
und überall ist Erntezeit.

*Refrain*
**Danke Sommer, es war so schön! ...**

# Flieg mein Drachen, flieg!

Lied Nr. 10 - CD: *„Mein Kinderlieder Jahr"*
Musik u. Text: Heiner Rusche
Notensatz: Susanne Kuhlbusch

**Flieg mein Drachen, flieg!** Dieses Lied eignet sich besonders, um mit der Ukulele begleitet zu werden. Die einfache C-Dur Begleitung ermöglicht selbst Anfängern nach bereits wenigen Übungsstunden ein erstaunliches Erfolgserlebnis. Selbst kleine Kinderfinger finden sich schnell auf diesem Instrument zurecht. So wird zum Beispiel der C-Dur Akkord nur mit einem einzigen Finger gegriffen. Das ist kinderleicht!
Ukulelen-Grifftabelle auf Seite 39.

1. Schaut dort o-ben wie er fliegt mein Dra-chen schön im Win-de liegt, in den Wol-ken und im Wind, hoch o-ben, wo die Vö-gel sind.

Refrain: Flieg! ___ ___ Flieg, mein Dra-chen, flieg!

**Flieg mein Drachen, flieg!**

```
        C            G7    C        G
1. Schaut dort oben, wie er fliegt
        F         C               G
mein Drachen schön im Winde liegt,
F     C      F       C
in den Wolken und im Wind,
C         G       G7    C
hoch oben, wo die Vögel sind.
```

```
Refrain
F            C
F … l … i … e … g!
G         G7        C
Flieg mein Drachen flieg!
```

```
        C       G7      C        G
2. Ob er mich sieht? Na was glaubt ihr?
        F       C            G
Mit großen Augen auf Papier.
        F      C     F        C
Ich glaub er ruft und lacht mich an:
        C       G       G7     C
"Schau her, wie schön ich fliegen kann!"
```

```
Refrain
F            C
F … l … i … e … g!
G         G7        C
Flieg mein Drachen flieg!
```

```
        C            G7    C        G
3. Ich träum, schon flieg ich hoch hinaus.
        F      C              G
Dort unten, schaut, dort unser Haus.
        F      C      F       C
Das Dorf, oh je, was ist das klein.
        C       G       G7    C
Ein Spielzeugland, so klitzeklein.
```

```
Refrain
F            C
F … l … i … e … g!
G         G7        C
Flieg mein Drachen flieg!
```

```
        C            G7    C        G
4. Ich träum mein Drachen ruft euch zu:
        F      C                  G
"Fliegt alle mit, komm flieg auch du!
        F      C       F          C
Die Arme breit, hoch geht´s, fliegt mit
C         G       G7       C
mit unserem kleinen Drachen Hit.
```

```
Refrain
F            C
F … l … i … e … g!
G         G7        C
Flieg mein Drachen flieg!
```

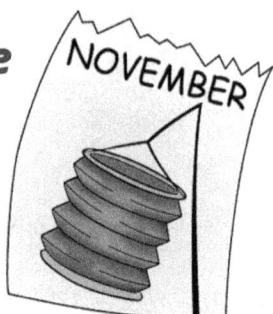

# Eine Laterne basteln wir

**Ukulele** — NOVEMBER

Lied Nr. 11 - CD: *„Mein Kinderlieder Jahr"*
Musik u. Text: Heiner Rusche
Notensatz: Susanne Kuhlbusch

( ♩=75 )

**Refrain**

Wir sind klei-ne Bas-tel-kin-der, woll'n La-ter-ne geh'n.

Wel-che Din-ge____ brau-chen wir?____Wir wer-den seh'n.

1. Ja, wir brau-chen bun-tes Pa-pier. Kun-ter-bun-tes Bas-tel-pa-pier,
ei-ne La-ter-ne bas-teln wir. 2.Und wir brau-chen gu-ten Kle-ber.*

Gu-ten Kle-ber, kun-ter-bun-tes Bas-tel-pa-pier,
ei-ne La-ter-ne bas-teln wir.

**\*** In jeder Strophe wird ein neuer Bastelgegenstand hinzugefügt und wiederholt wie bei **„Ich packe meinen Koffer"**

**Eine Laterne basteln wir**

Refrain
```
C              G
```
**Wir sind kleine Bastelkinder,**
```
F        C     G
```
**woll´n Laterne geh´n.**
```
F              C
```
**Welche Dinge brauchen wir?**
```
   G       C
```
**Wir werden seh´n.**

```
   G     C       G     C
```
1. Ja wir brauchen buntes Papier.
```
F      C      F        C
```
Kunterbuntes Bastelpapier,
```
F      C     G       C
```
eine Laterne basteln wir.

```
   G      C       G     C
```
2. Und wir brauchen guten Kleber.
```
F      C          (in den nächsten Strophen wiederholen)
```
Guten Kleber
```
F      C      F        C
```
kunterbuntes Bastelpapier,
```
F      C     G       C
```
eine Laterne basteln wir.

Refrain
**Wir sind kleine Bastelkinder …**

3. Und wir brauchen eine Schere.
Eine Schere, guten Kleber,
kunterbuntes Bastelpapier,
eine Laterne basteln wir.

4. Und wir brauchen eine Pappe.
Eine Pappe, eine Schere, guten Kleber,
kunterbuntes Bastelpapier,
eine Laterne basteln wir.

Refrain
**Wir sind kleine Bastelkinder …**

5. Und wir brauchen eine Lampe.
Eine Lampe, eine Pappe, eine Schere,
guten Kleber,
kunterbuntes Bastelpapier,
eine Laterne basteln wir.

6. Und wir brauchen einen Stock.
Einen Stock und eine Lampe, eine Pappe,
eine Schere, guten Kleber,
kunterbuntes Bastelpapier,
eine Laterne basteln wir.

Refrain
**Wir sind kleine Bastelkinder …**

7. Und wir brauchen einen Draht.
Einen Draht, einen Stock, eine Lampe,
eine Pappe, eine Schere, guten Kleber,
kunterbuntes Bastelpapier,
eine Laterne basteln wir.

8. Was machen Bastelkinder dann?
Hört, hört, hört was nun geschieht
mit unserem Laternen Lied.
Wir fangen wieder von vorne an.

Refrain
**Wir sind kleine Bastelkinder**

# Ein Jahr geht nun vorbei

Lied Nr. 12 - CD: *„Mein Kinderlieder Jahr"*

Musik: Heiner Rusche – Christian Hüser – Dennis Niemeyer
Text: Heiner Rusche
Notensatz: Susanne Kuhlbusch

*Original in **E-Dur** - wie auf der CD*

1.Winkt euch zu. Auf Wie-der-seh´n. Ein Jahr geht nun vor-bei.
Winkt und schwenkt die Hän-de hoch. Auf Wie-der-seh´n, bye-bye.

**Refrain**

Auf Wie-der-seh´n, auf Wie-der-seh´n, mach´s gut ver-gang-´nes Jahr.

Tschüss, mach´s gut, wir freu´n uns schon, auf das neu-e Jahr.

**Ein Jahr geht nun vorbei**
*Original in **E-Dur** - wie auf der CD*

E
1. Winkt euch zu. Auf Wiedersehn.
   A          H
Ein Jahr geht nun vorbei.
A       H       E     C#m
Winkt und schwenkt die Hände hoch.
    A     H       E
Auf Wiedersehn, bye-bye.

*Refrain*
E
**Auf Wiedersehn, auf Wiedersehn,**
      A          H
**mach's gut vergang'nes Jahr.**
A       H      E      C#m
**Tschüss, mach's gut, wir freu'n uns schon,**
A    H    E
**auf das neue Jahr.**

E
2. Winkt euch zu. Auf Wiedersehn.
A              H
Die Zeit bleibt niemals steh'n.
  A      H     E     C#m
Wir seh'n uns wieder nächstes Jahr.
   A    H     E
Drum auf ein Wiedersehn.

*Refrain*
**Auf Wiedersehn, auf Wiedersehn ...**

E
3. Winkt euch zu. Auf Wiedersehn.
  A         H
Bis bald im Januar.
  A      H     E     C#m
Wir wünschen uns, wir wünschen euch:
   A    H     E
"Ein frohes neues Jahr!

*Refrain*
**Auf Wiedersehn, auf Wiedersehn ...**

**Ukulele**

# Ein Jahr geht nun vorbei

DEZEMBER

**C-Dur**

In **C-Dur** lässt sich „*Ein Jahr geht nun vorbei*" ideal mit der Ukulele begleiten und eine leichte Gitarrenbegleitung kommt ohne Barré-Griffe aus.

Alle im Buch verwendeten Gitarren- und Ukulelengriffe gibt es auf Seite 38 und 39.

( ♩.=60 )

| C | | F | G |
|---|---|---|---|

1.Winkt euch zu. Auf Wie-der-seh´n. Ein Jahr geht nun vor-bei.

| F | G | C | Am | F | G | C |
|---|---|---|---|---|---|---|

Winkt und schwenkt die Hän-de hoch. Auf Wie-der-seh´n, bye-bye.

**Refrain**

| C | | F | G |
|---|---|---|---|

Auf Wie-der-seh´n, auf Wie-der-seh´n, mach´s gut ver-gang-´nes Jahr.

| F | G | C | Am | F | G | C |
|---|---|---|---|---|---|---|

Tschüss, mach´s gut, wir freu´n uns schon, auf das neu-e Jahr.

**Ein Jahr geht nun vorbei**

    C
1. Winkt euch zu. Auf Wiedersehn.
    F           G
Ein Jahr geht nun vorbei.
F       G          C    Am
Winkt und schwenkt die Hände hoch.
      F     G      C
Auf Wiedersehn, bye-bye.

*Refrain*
    C
**Auf Wiedersehn, auf Wiedersehn,**
       F         G
**mach's gut vergang'nes Jahr.**
F      G    C      Am
**Tschüss, mach's gut, wir freu'n uns schon,**
F   G   C
**auf das neue Jahr.**

    C
2. Winkt euch zu. Auf Wiedersehn.
    F           G
Die Zeit bleibt niemals steh'n.
    F     G    C    Am
Wir seh'n uns wieder nächstes Jahr.
       F    G    C
Drum auf ein Wiedersehn.

*Refrain*
**Auf Wiedersehn, auf Wiedersehn …**

    C
3. Winkt euch zu. Auf Wiedersehn.
    F       G
Bis bald im Januar.
    F    G    C    Am
Wir wünschen uns, wir wünschen euch:
      F    G    C
"Ein frohes neues Jahr!

*Refrain*
**Auf Wiedersehn, auf Wiedersehn, mach´s gut vergang´nes Jahr**

# Gitarren-Grifftabelle

Alle im Liederbuch und auf der CD „*Mein Kinderlieder Jahr*" verwendeten Gitarrenakkorde sind in der folgenden Tabelle aufgelistet.

## C

## D

## E

## F (vereinfacht)

## G

## A

## H (vereinfacht)

## C#m

## Dm

## Dsus4

## Em7

## G7

## A7

## Am

## Hm

# Ukulelen-Grifftabelle

Alle im Liederbuch und auf der CD *„Mein Kinderlieder Jahr"* verwendeten Ukulelenakkorde sind in der folgenden Tabelle aufgelistet.

### C
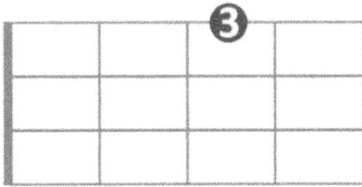

### G
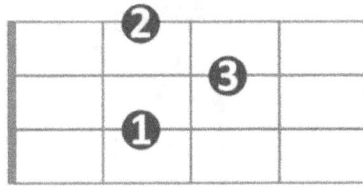

### F
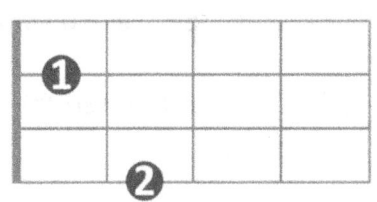

### Am
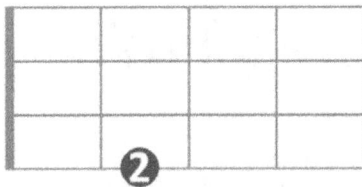

### D
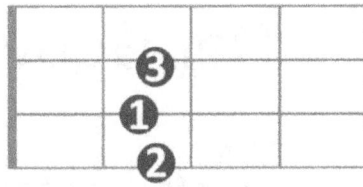

### D7
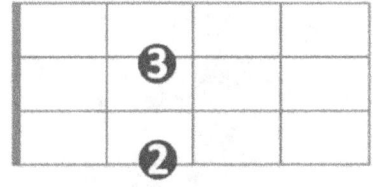

### A7
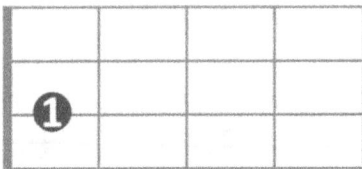

### A
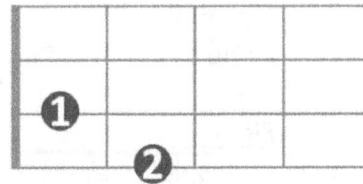

### Em7
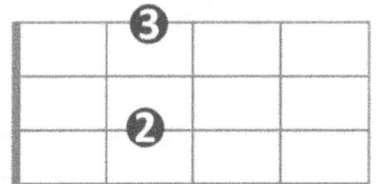

### Dm
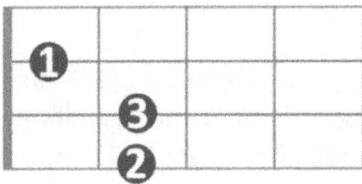

### Hm
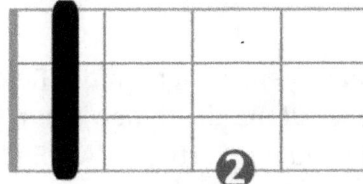

### A
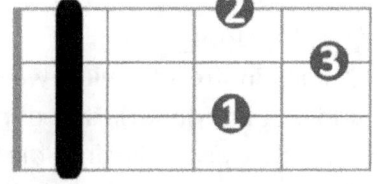

### G
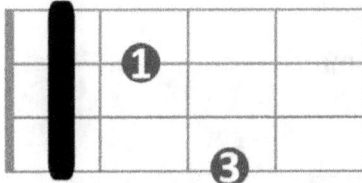

### A7
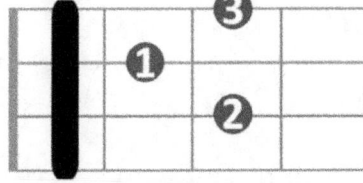

### D
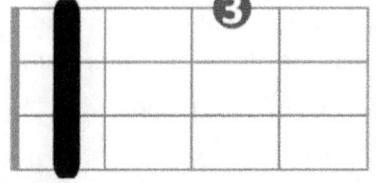

# Spielideen für das Kinderliederjahr

Im Folgenden finden sie viele Spielideen, zusammengestellt von Christian Hüser. Die Spiele zu den jeweiligen Monaten haben teilweise Bezug zu den Liedern der CD, teilweise sind es aber auch Spielideen, die sich einfach mit der Jahreszeit oder dem jeweiligen Monat beschäftigen.

**Spielen sie mal wieder!**

Spielidee für Januar

# Der Geburtstagskreis

<u>Anmerkung:</u>
Dieses Spiel eignet sich besonders schön zum Thema „Kennenlernen der Monate".

<u>Material:</u>
Ohne Material möglich

<u>Eignung:</u>
6-99 Spieler, ab 4 Jahren

<u>Spielanleitung:</u>
Es soll ein Kreis formiert werden aus allen Spielern in der Reihenfolge der Geburtstage (Monat und Tag im Monat). Nun dürfen alle rufend durch den Raum gehen, auf der Suche nach ihrem Platz im Kreis. Es beginnt die Suche und das Sortieren. Am Ende stehen alle wieder im Kreis, der Dezember neben dem Januar (sofern diese darunter waren). Die Spielleitung gibt Hilfestellung. Wenn der Kreis formiert ist, darf jeder seinen Geburtstagsmonat nennen.
Anschließend kann gemeinsam mit den Kindern überlegt werden, was typisch für den Monat ist, indem sie geboren sind.
So werden spielerisch die Monate gelernt. Das Lied „Willkommen neues Jahr" bietet Unterstützung.

Februar
**Kinderkarneval** - Die „fünfte Jahreszeit"

Welches Kind liebt sie nicht, die „fünfte Jahreszeit"?
Karneval, Fasching oder Fastnacht sind die Namen für ein fröhliches Fest, welches wir immer im Frühjahr (sieben Wochen vor Ostern) mehrere Tage lang feiern. Im Süden Deutschlands spricht man von der Fastnacht, in Köln vom Karneval und anderorts wird es auch Fasching genannt. Die Karnevalszeit ist die Zeit des Verkleidens und des Feierns. Der Titel *„Alle wollen feiern"* regt direkt zum Mitmachen und Singen an. Es können aber auch tolle Spiele rund um das Thema Karneval gefeiert werden.

Spielideen für Februar

# Kostümtausch

Material:
Nur die eigene Verkleidung

Eignung:
ab 4 Jahren

Spielanleitung:
Die Kinder teilen sich in Zweierteams auf. Sie sollten darauf achten, dass sie ungefähr die gleiche Kleidergröße haben. Alle tanzen zur Musik frei durch den Raum. Sobald die Musik gestoppt wird, sollen sich die Paare finden und so schnell wie möglich versuchen, ihre Kostüme zu tauschen. Das Aus- und Anziehen müssen sie aber dann unterbrechen, wenn die Musik wieder zu hören ist. Alle Kinder tanzen weiter, bis die Musik erneut gestoppt wird. Dann geht auch der Kostümtausch weiter. Die Spielleitung kann beliebig viele Stopps in verschiedenen Zeitabständen wählen. Es gewinnt schließlich das Team, welches am schnellsten seine Kostüme getauscht hat. Die lustigste Kostümkombination welche übrig bleibt, bekommt einen Extraapplaus.

# Die blinde Kostümpolizei

Material:
Nur die eigene Verkleidung

Eignung:
ab 4 Jahren

Spielanleitung:
Hier treten immer zwei Kinder gegeneinander an. Sie sind die blinde Kostümpolizei und bekommen die Augen verbunden. Aus der Gruppe werden lautlos zwei andere Kinder ausgewählt, die sich vor die Kostümpolizei stellen. Sobald die Musik ertönt müssen die beiden Kostümpolizisten versuchen, blind die Kostüme der gegenüberstehenden Kinder zu erfühlen. Wer als Erster das Kostüm richtig errät, gewinnt die Runde. Der Gewinner bleibt stehen und der nächste Kostümpolizist darf gegen ihn antreten. Wer zum Schluss die meisten Runden gewonnen hat, wird zum Kommissar ernannt.

März
**Der Frühling**

Gestalten sie mit den Kindern eine Jahreszeitenecke. Sammeln sie gemeinsame Dinge, die den Frühling so interessant machen. Gestalten sie bunte Bilder, wie im Lied *„Der Frühling malt die Erde bunt"*. Gehen sie mit den Kindern so oft wie möglich nach draußen und beobachten sie die Veränderungen in der Natur. Achten sie auf die vielen Farben, die es jetzt zu sehen gibt. Lassen sie die Kinder beschreiben, was sie sehen: Was ist anders als beim letzten Spaziergang? Wie sehen die Blüten und die Blätter heute aus? Dadurch werden Wortschatz und Ausdrucksfähigkeit gefördert.

# Die Tuchorgel

Der akustischen Qualität des Frühlings gemäß eignet sich ein Spiel mit Tönen. Es erfordert Aufmerksamkeit und eine rasche Reaktion.

Material:
für jedes Kind ein Tuch (auf Rutschfestigkeit achten)

Anzahl der Kinder:
je nach Größe des Raumes bis zu 15

Eignung:
ab 4 Jahren

Spielanleitung:
Die Kinder bilden einen Kreis. Jedes Kind legt sein Tuch so in die Mitte des Raumes, dass ein großes Spielfeld entsteht. Diese Tücher bilden die Orgel. Jeder Spieler merkt sich sein Tuch und wo es liegt. Die Kinder laufen nun nacheinander langsam über die am Boden liegenden Tücher. Sobald ein Kind als „Orgelspieler" ein Tuch berührt, macht derjenige, dem das Tuch gehört, ein beliebiges (oder zum Frühling passendes) Geräusch.

Spielvariante:
Ein Kind verlässt den Raum. Die anderen denken sich etwas aus, was das abwesende Kind erraten soll (z. B. Vogelnest, Lied). Jeder überlegt sich ein Geräusch, welches zu dem Begriff passt. Das Kind, das raten soll, wird wieder hereingebeten und läuft über alle Tücher. Die Mitspieler machen dazu „ihr" Geräusch. Erst wenn alle „Orgeltasten" angeschlagen sind, darf geraten werden.

April
**Ostern**

Bald sieht man ihn wieder durch die Gärten hoppeln, wo er die Ostereier und Geschenke versteckt. Ostern ist eine wunderschöne Zeit, in der die Kinder dem Besuch des Osterhasen entgegenfiebern. Die Zeit, in der sie es lieben, Ostereier zu färben, Osterhasen, Hühner, Küken und Schafe zu basteln, für Ostern zu backen und Osterspiele zu machen. Deshalb finden sie hier Ideen, welche die Wartezeit bis Ostern sinnvoll und mit viel Freude ausfüllen.

Spielideen für April

# Zick und Zack (Mitmachgeschichte)

Kinder lieben Mitmachgeschichten und sind gespannt, was als nächstes in der Geschichte passiert, und wo sie passend zum Inhalt in Aktion treten dürfen.

Diese witzige Mitmachgeschichte von den beiden Hühnern „Zick" und „Zack" passt toll zur Osterzeit im Kindergarten und in der Schule. Die Geschichte handelt von Hühnern, Eiern und Hasen und eignet sich auch hervorragend, wenn das Thema "Tiere" oder "Bauernhof" behandelt wird. Bei dieser Mitmachgeschichte haben die Akteure die Aufgabe, bei dem Wort "Zick" aufzustehen und sich beim Wort "Zack" wieder hinzusetzen. Ein Spiel bei dem Aufmerksamkeit, genaues Hinhören und schnelle Reaktion gefragt sind.

Spielidee zur Mitmachgeschichte:

Die Kindergruppe wird in zwei gleich große Gruppen eingeteilt. Eine Gruppe ist „Zick", die andere ist „Zack". Immer wenn Sie beim Vorlesen die Namen „Zick" oder „Zack" vorlesen, müssen die jeweiligen Kinder der dazugehörigen Gruppe ganz schnell aufstehen und sich wieder hinsetzten. So haben Sie eine tolle Bewegungsgeschichte. Natürlich ist es auch möglich, die anderen Tiere mit Geräuschen zu versehen, welche die Kinder in der Geschichte nachmachen können.

Als Alternative können zu jedem Tier und natürlich für „Zick" und „Zack" Percussion bzw. Orff Instrumente eingesetzt werden, wie bei einer Klanggeschichte.

**Die Geschichte von den Hühnern Zick und Zack**

ZICK und ZACK sind zwei Hühner, die auf einem Bauernhof wohnen. Eines Tages beschließen ZICK und ZACK, dass sie nicht mehr zu den Hühnern, die fleißig Eier legen, gehören wollen. ZICK und ZACK hüpfen von der Hühnerstange herunter und schleichen durch das Scheunentor auf den Hof. Da kommt Josef der Hofhund bellend auf sie zu gerannt. Schnell laufen ZICK und ZACK zum Zaun und flattern über diesen. Nun stehen Sie auf einer Wiese, auf der schwarzgefleckte Kühe sind. ZICK und ZACK hüpfen gackernd zwischen ihnen herum und scheuchen die Kühe über die Wiese. Da hat ZICK eine Idee: „Komm ZACK, wir gehen zu den Enten unten am Teich." Dort angekommen finden sie die Enten am Teich. ZICK und ZACK rennen wild gackernd zu ihnen. Die Enten können sich gerade noch mit einem Sprung ins Wasser vor den wilden Hühnern retten, und gleich führen die beiden frechen Hühner ZICK und ZACK weiteren Unfug im Schilde. Sie laufen in den Schweinestall, wo die Schweine fressend am Futtertrog stehen. ZICK zieht mit dem Schnabel einem Schwein am Ringelschwanz und ZACK kitzelt ein anderes Schwein am Bauch. Wütend grunzend wehren sich die Schweine. ZICK bekommt einen Tritt in die Seite und ZACK wird von einer Schweinenase in den Misthaufen geschuppst. Nun haben die beiden Hühner aber genug. Beleidigt verlassen ZICK und ZACK den Schweinestall. Sie setzen sich auf dem Hof in die Sonne und ruhen sich aus. Als es zu dämmern beginnt, laufen ZICK und ZACK zurück in den Hühnerstall, wo sie von ihrer Hühnerfamilie schon erwartet werden. ZICK und ZACK erzählen lieber nicht, was sie den ganzen Tag so getrieben haben. Sie legen sich ins Heu und schlafen nach diesem erlebnisreichen Tag sogleich ein.

# Eierlauf-Spiel

Ein Mannschaftsspiel, das hervorragend zur Osterzeit passt.
Welcher Osterhase ist der schnellste?

Material:
2 Esslöffel
2 hartgekochte Eier oder Plastikeier
2 leere Wassereimer oder ähnliches als Wendepunkte
ein Klebeband oder Seil zum Markieren der Start-/Ziellinie

Spielanleitung:
Die Spielregeln sind gleich wie beim Spiel "Kartoffellauf", nur werden anstatt Kartoffeln Eier transportiert und die Kinder sind die flinken Osterhasen.

Mai
**Muttertag**

Eigentlich sollte man jeden Tag oder auf alle Fälle mehrmals im Jahr seine Mutter verwöhnen und ihr danken für all das, was sie für ihre Familie tut. Für jüngere Kinder ist jedoch der Muttertag Anfang Mai der wichtige Tag, an dem sie ihrer Mutter ein selbstgemachtes Geschenk überreichen und ein Gedicht aufsagen bzw. ein Lied vorsingen möchten. Das Lied *„Danke liebe Mama"* eignet sich hervorragend, um es der Mutter vorzusingen.

Spielidee für Mai

# Muttertags Collage

Material:
Alte Zeitungen, Kataloge, Schere, Kleber, einen Bogen Tonkarton

Eignung:
ab 3 Jahren

Spielanleitung:
Die Kinder erhalten Zeitschriften, Kataloge und eine Schere und dürfen alles ausschneiden, was sie ihrer Mama zum Muttertag schenken wollen und auf den großen Tonkarton kleben. Hierbei soll auch die Fantasie der Kinder angeregt werden. So können zum Beispiel „ein Lächeln" oder „Sonnenstrahlen" verschenkt werden. Vielleicht haben die Kinder Lust, aus dem Tonkarton ein großes Herz auszuschneiden. Dieses Herz kann dann am Muttertag überreicht werden.

Juni

Der Sommer ist da. Die Tage sind lang und bald beginnen die Ferien. Viel Zeit, um draußen zu spielen. Die Vögel singen, der Wind rauscht in den Bäumen, die Grillen zirpen. Im Juni gibt es viele Geräusche.

Spielidee für Juni

# Das Waldkonzert

Material:
Alles das, was wir in der Natur finden.

Eignung:
ab 3 Jahren

Spielanleitung:
Suchen sie mit den Kindern typische Waldgegenstände, abgeknickte Äste, das restliche Laub vom letzten Jahre, Schilf, Gras etc. und lassen sie die Kinder ausprobieren, wie man mit diesen Naturmaterialien Musik machen kann. Um die Sonne aufwecken zu lassen, kann man versuchen, die Stimmung von leise nach laut spielerisch zu erkunden. Sie werden feststellen, wie viel Spaß Hölzer und Gräser machen können. Natürlich ist es auch möglich, sich eine kurze Klanggeschichte auszudenken, wie zum Beispiel: „An einem schönen Sommertag ... (alle Kinder rufen *Aaaaaahhhh*) ging ein kleiner Hase durch den Wald spazieren (*Blätterrascheln*) ...“ Sie haben sicherlich selber tolle Ideen für Geschichten rund um den Wald.

Ist das Wetter mal nicht so schön und draußen regnet es dicke Tropfen, wie auf dem Bild oben auf der Seite, dann singen sie zusammen mit den Kindern das Lied „Hallo liebe Sonne“ (Lied Nr. 6 / S. 20). Die Sonne wird hoffentlich geweckt, und es geht wieder ab nach draußen. Das Waldkonzert kann weiter gehen.

Juli
**Sommer** - Sonne, Wasser, draußen spielen

Der Sommer ist eine wunderschöne Zeit. Die Sonne scheint, es ist schön warm, die Blumen blühen, man kann draußen spielen oder zum Baden gehen, Eis essen und in den Urlaub fahren.

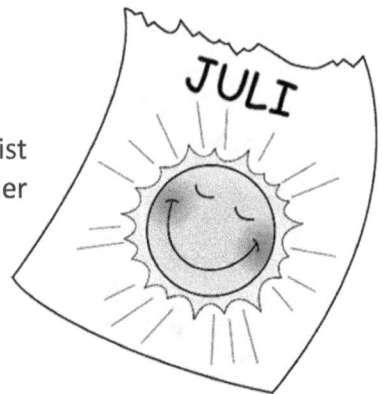

Spielidee für Juli
# Das Wespenspiel

Eignung:
für alle Altersgruppen

Anzahl der Spieler:
ab 10 Spielern

Raumbedarf:
Großer Raum
Auch im Freien möglich, dann allerdings je nach Gruppengröße das Spielfeld abgrenzen

Material:
Pro Teilnehmer einen Luftballon, nach Möglichkeit mit gleicher Farbe
Ein paar Luftballons einer anderen Farbe.

Spielanleitung:
In die Mitte des Spielfeldes legt die Spielleitung für jeden Teilnehmer einen Luftballon. Einige wenige dieser Luftballons müssen eine andere Farbe haben (Fänger). Es sollten weniger Fänger als Wespen vorhanden sein. Am besten ist ein Verhältnis vom 10:2.

Die Ballons werden aufgeblasen, allerdings nicht zugeknotet. Die Spieler, welche sich einen andersfarbigen Luftballon als die Gruppe ausgesucht haben, sind die Fänger. Die Fänger sollen versuchen, möglichst alle Wespen (Luftballons gleicher Farbe) zu fangen. Die Wespen halten den Luftballon zwischen Zeigefinger und Daumen stramm fest, und bewegen den Arm rauf und runter (als Symbol des Fliegens) und die Wespen müssen sich mit einem SSSSSSSSSS im Spielfeld bewegen.

Die Fänger müssen versuchen, die Ballons der Wespen zu treffen. Ist ein Ballon der Wespe getroffen, lässt diese den Ballon fliegen und hockt sich mit einem langen SSSSSSSSSS hin.
Das Spiel ist beendet, wenn alle Wespen in der Hocke sitzen und nur noch die Fänger übrig sind.

August
**Wir fahren in den Urlaub**

Die Fahrt in den Urlaub ist mit dem Zug oder dem Auto manchmal ziemlich langweilig.

Die folgenden Spiele können sie überall und ganz ohne Materialien spielen.

Spielideen für August:

# Lieder summen

Ein Mitspieler überlegt sich ein Lied und summt es laut vor. Die anderen müssen nun den Liedtitel erraten. Danach ist der nächste Summer an der Reihe. Wer erkennt die meisten Lieder?

# Jagd auf Autofarben

Jeder Spieler wählt eine Autofarbe aus. Nun muss jeder Spieler die überholenden, überholten oder entgegenkommenden Autos seiner Autofarbe zählen. Nach bestimmter Zeit sind die Suche und das Zählen vorbei. Welcher Spieler konnte die meisten Autos bzw. Punkte sammeln?

# Schere – Stein – Papier

Das sehr bekannte und beliebte Spiel rund um die Finger und Hände ist auch bekannt als *Schnick – Schnack – Schnuck*. Wer kennt nicht das Spiel um Schere, Stein und Papier?! Es ist sowohl bei Kindern, als auch bei Erwachsenen sehr beliebt.

Spielanleitung:
Es kann einfach nur so zum Spaß gespielt werden. Sie können es jedoch auch zur Auswahl oder Entscheidungsfindung nutzen. Das Bedeutet, wenn Sie ausmachen möchtet, wer zum Beispiel die Getränke aus dem Keller holt oder wer abspülen muss, dann bestimmen sie durch den Ausgang dieses Spiels denjenigen, der die Aufgabe bzw. Arbeit erfüllen muss. Vielleicht können sie sich auch nicht einigen, ob sie zum Baden oder Eis essen gehen wollt. Jeder hat einen Vorschlag gemacht. Durch das Spiel *Schere-Stein-Papier* wird die Wahl getroffen, denn der Vorschlag des Siegers wird umgesetzt.

Hier die Spielanleitung von *Schere-Stein-Papier* bzw. *Schnick-Schnack-Schnuck*.
Es gibt drei Symbole in diesem Spiel: die **Schere** (sie wird durch zwei ausgestreckte Finger dargestellt) den **Stein** (er wird durch eine geballte Faust dargestellt) und das **Papier** (es wird durch eine flache Hand dargestellt).

Nun beginnt das Spiel. Es können jeweils zwei Spieler gleichzeitig spielen. Die beiden Mitspieler schließen ihre Hand und schlenkern mit ihr etwas vor ihrem Körper hin und her bzw. machen eine liegende Acht. Dies stellt eine Art Mischen dar. Dabei sagen sie "Schere, Stein, Papier" oder "Schnick, Schnack, Schnuck". Ist der Vers gesagt, zeigt jeder sofort ein Symbol mit seiner Hand.

Folgende Varianten können sich ergeben und bestimmen somit den Sieger der Runde:

**Schere** + **Stein** = der Stein zerstört die Schere = der Stein siegt.
**Stein** + **Papier** = das Papier umhüllt den Stein = das Papier gewinnt.
**Schere** + **Papier** = die Schere zerschneidet das Papier = die Schere hat also gewonnen.

Ergeben sich zwei gleiche Symbole, wird nochmals gemischt bzw. der Vers erneut gesagt und neue Symbole gezeigt.

## September

Der Sommer geht langsam zu Ende. Im September sagen wir Danke für eine tolle Ernte, für das warme Wetter im Sommer oder für einen schönen Urlaub.

Spielidee für September

# Danke-Bitte-Spiel

Material:
Ohne Material möglich

Eignung:
ab 3 Jahren

Spielanleitung:
Sie setzen sich mit ihren Kindern in einen großen Kreis. Ein beliebiger Gegenstand wird von Kind zu Kind weitergereicht. Jedes Kind, welches den Gegenstand in der Hand hält, sagt zu seinem Nachbarkind „Bitte" beim Überreichen des Gegenstandes. Das Kind, welches den Gegenstand entgegen nimmt sagt „Danke". So geht es reihum. Wenn der Gegenstand wieder bei ihnen ankommt, überlegen sie gemeinsam mit den Kindern, wie sie das *„Bitte-Danke-Spiel"* ganz wortlos spielen könnten, also nur mit Gesten. Die Kinder dürfen Vorschläge machen, und sie starten eine neue Runde ohne Sprache. Dieses kann so oft wiederholt werden, wie die Kinder Ideen für „Bitte" und „Danke" haben.

Oktober

**Herbst** - Basteln, Spielen, Backen oder Drachen steigen lassen

Die Herbstzeit ist eine schöne Zeit, mit vielen Farben aber auch vielen Gegensätzen. An manchen Tagen ist es noch sehr warm, an anderen wiederum eisigkalt. Manchmal sind die Tage schön hell und sonnig, doch abends wird es immer früher dunkel. Der Herbst ist die Zeit zum Drachen steigen lassen, für große Blätterschlachten und für Spiele in der herbstlichen Natur. Typisch für den Herbst sind starke Winde.

Spielidee für Oktober

# Der Wind (Tuchspiel)

Material:
für jedes Kind ein Tuch

Raumbedarf:
ein ausreichend großer Raum wird benötigt

Anzahl der Kinder:
bis zu 10 Kinder

Eignung:
alle Altersgruppen

Spielanleitung:
Jedes Kind breitet sein Tuch in der Mitte des Raums auf dem Boden aus. Spielen sie das Lied *„Flieg mein Drachen, flieg!"* von der CD ein. Solange die Musik läuft, ist das Wetter ruhig, und die Kinder bewegen sich zum Takt der Musik außen um die Tücher herum. Wenn die Musik stoppt, kommen Sturm und Regen auf und jeder muss sich auf ein Tuch retten. Es dürfen sich beliebig viele Kinder auf ein Tuch stellen.
Beginnt die Musik wieder, verlassen alle Kinder die Tücher und bewegen sich durch den Raum (hier sind verschiedene Optionen möglich: laufen, hüpfen, stampfen usw.). Nehmen sie nun nach und nach die Tücher vom Spielfeld, so dass sich immer größer werdende Gruppen auf die verbleibenden Tücher stellen müssen. Zum Schluss sollen alle sicher auf einem Tuch stehen. Wichtig während des Spiels: Tempo erhöhen und anfeuern.

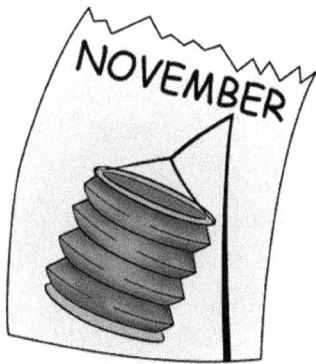

November

November

Der November ist der Monat, in dem es schon ganz früh dunkel ist. Zum Martinstag am 11. November und zu manch anderen Gelegenheiten, ziehen Kinder und Eltern, mit ihren leuchtenden Laternen in einem Laternenumzug durch den Ort. Dabei singen die sie Laternenlieder.

Spielideen für November

# Eine Laterne basteln wir

Material:
CD *„Mein Kinderlieder Jahr"* – Lied Nr. 11 bzw. Playback Lied Nr. 23

Eignung:
ab 4 Jahren

Spielanleitung:
Das Lied *„Eine Laterne basteln wir"* eignet sich hervorragend als *„Koffer-Pack-Spiel"*. Hören Sie sich gemeinsam mit Ihren Kindern das Lied an. Alle passen genau auf und merken sich, welche Gegenstände benötigt werden, um eine Laterne zu basteln. Fragen Sie die Kinder anschließend: „Was gebrauchen wir, um eine Laterne zu gestalten?" aber auch „Was kann denn eine Laterne?"

Spielvariante:
Gibt es weitere Gegenstände, mit denen man eine Laterne basteln kann? Woraus könnte man auch eine Laterne basteln? Erfinden sie zusammen mit den Kindern neue Strophen und singen sie diese zum Playback oder zur eigenen Gitarren- oder Ukulelenbegleitung.

# Das Lichtersuchspiel

Material:
ein Glas mit einer Kerze (z.B. ein Windlicht)
Streichhölzer oder ein Feuerzeug

Raumbedarf:
ein abgedunkelter Raum

Eignung:
ab 4 Jahren

Spielanleitung:
Die Kinder sitzen im Kreis. Die Kerze bzw. das Teelicht im Glas wird angezündet. Ein Kind verlässt kurz den Raum. Die Spielleitung versteckt vorsichtig das Kerzenglas im Zimmer, sodass nichts passieren kann, und der Lichtschein trotzdem noch sichtbar ist. Das Kind wird wieder hereingerufen. Es muss nun im dunklen Zimmer das Kerzenlicht/Kerzenglas finden. Hat es dieses gefunden, wird es zurück in die Kreismitte gestellt und das nächste Kind ist an der Reihe.

## Dezember

Der Monat, in dem wir Weihnachten feiern, aber sich auch das Jahr zum Ende neigt. Was war gut in diesem Jahr? Was hat uns Spaß gemacht? Woran erinnern wir uns? All diese Fragen können sie ihren Kindern noch einmal stellen. Bevor das Jahr sich verabschiedet, wird natürlich noch groß gefeiert. Das Lied *„Ein Jahr geht nun vorbei"* eignet sich hervorragend, um eine lange Polonaise, eine Musikschlange zu tanzen.

Spielidee für Dezember

# Die Musikschlange

Material:
CD „Mein Kinderlieder Jahr" – Lied Nr.12

Eignung:
Ab 3 Jahren

Spielanleitung:
Alle Kinder stellen sich hintereinander in einer langen Reihe auf. Das erste Kind in der Schlange führt die Polonaise/Musikschlange an. Es ist auch gleichzeitig der Dirigent. Immer wenn der Refrain „Auf Wiedersehen, auf Wiedersehen" gesungen wird, fängt der Dirigent mit einer Hand an zu winken. Alle anderen Kinder winken nach. Der Dirigent bestimmt die Route und das Tempo der Musikschlange. Beginnt eine neue Strophe, wechselt der Dirigent an das Ende der Schlange, und ein neuer Dirigent gibt das Tempo und die Route vor.

# Monatsmemo
## Das Spiel für alle Monate

Nutzen sie die 12 Monatsillustrationen von Seite 3 des Liederbuches als Kopiervorlage, und kopieren sie diese gleich zwei Mal auf möglichst dickem Papier, oder kleben sie die Kopien auf Karton. Die Bilder dürfen nicht auf der Rückseite durchscheinen.

Schneiden sie alle Monatsbilder aus, und schon haben sie ein wunderschönes Monatsmemo.

Kopiervorlage auf Seite 3

# Heiner Rusche

## Kindermusik für gute Laune

### mal laut – mal leise – mit Texten aus der kleinen und großen Welt der Kinder

Heiner Rusche, bei den Kindern meist nur unter seinem Vornamen **HEINER** bekannt, ist seit über 15 Jahren mit seinen Live-Programmen bundesweit auf Tour. Er selber komponiert und textet seine Kinderlieder und ist als Arrangeur, Musiker und Sänger im eigenen „Kleine Ohrwürmer Studio" tätig. Das Ergebnis: 13 eigene Kinderlieder CDs, sowie viele Verkopplungen zu namhaften Compilations und Kinderliedproduktionen für befreundete Musiker.

Neben seinen eigenen CD Produktionen ist Heiner Rusche für namhafte Verlage wie den Ökotopia Verlag oder den Don Bosco Verlag als Mitautor tätig. Zu seinen Liedern gibt es viele Spielanleitungen.

Die CD "Gewalt ist blöd!" wurde in 2010 vom „Deutschen Rock und Pop Musikerverband" in der Kategorie „Bestes Kinderliederalbum" ausgezeichnet.

Mit über 100 Live-Konzerten im Jahr gehört Heiner Rusche zu den erfolgreichen Kinderliedermachern in Deutschland. Mal kommt seine Musik im satten Rock & Pop Sound daher oder immer häufiger unplugged. Nur mit Gitarre oder seinem Lieblingsinstrument Ukulele begleitet, lädt Heiner dann alle Kinder zum Mitsingen ein. Mit Schwung und ganz viel Bewegung geht es durchs gute Laune Programm, während die Kinder offen bleiben für aussagestarke Texte. Bühne frei für alle Kinder und Heiner ist immer mitten drin!

Weitere Informationen, div. Liveprogramme,
viele Hörproben, Videos, CDs, Texte usw.:
www.heiner-rusche.de
www.facebook.com/heiner.kindermusik

Kontakt:
Heiner Rusche • Dorfstraße 38 • 49453 Hemsloh
05446 1387 • 0171 1463068
kindermusik@heiner-rusche.de

## Veröffentlichungen:

| 1999 | CD | **Kinderlieder zur Winterzeit** |
|------|------|------|
| 2000 | CD | **„Boah eeih, ich hab´ ´nen Wackelzahn!"** |
| 2001 | Maxi CD | **Es liegt was in der Luft** |
| 2003 | CD | **Mein kleiner Schneemann** |
| 2004 | CD | **Fritze Rollerschuh und seine Freunde** |
| 2007 | CD | **Freunde** |
| 2009 | CD | **Gewalt ist blöd!** |
|      | Buch | **Streiten • Helfen • Freunde sein** <br> Das Buch zur CD von Andrea Erkert u. Heiner Rusche |
| 2011 | CD | **Kinder Party – Sturmfreie Bude** |
| 2012 | Buch+CD | **BewegungsSpiele und MitmachtHits durchs Jahr** <br> Andrea Erkert – Stephen Janetzko – Heiner Rusche |
| 2013 | CD | **Wir tanzen im Winter** |
| 2014 | CD | **Mein Kinderlieder Jahr** |
| 2015 | Buch | **Das Liederbuch – Mein Kinderlieder Jahr** |
| 2016 | Buch+CD | **Trauerkloß & Lachgesicht** <br> Heiner Rusche – Andrea Erkert |
| 2016 | Buch+CD | **Kinder unterm Regenbogen** <br> Heiner Rusche – Christian Hüser |

EAN 4032289005670

## Mein Kinderlieder Jahr

Mit *„Mein Kinderlieder Jahr"* veröffentlicht Heiner Rusche bereits seine zehnte eigene CD. Auf diesem Album geht es mit viel Schwung und Bewegung einmal quer durch das Kinderliederjahr. Da begrüßt HEINER das neue Jahr im Januar und feiert mit den Kindern im Februar Karneval. Im März malt der Frühling die Erde bunt, im April rockt der Osterhase und die Kinder singen zum Muttertag im Mai. So geht es weiter durch das gesamte Kinderliederjahr. Für alle kleinen Sänger gibt es zusätzlich die Playbacks auf der CD.

## Kinder Party – Sturmfreie Bude

16 fetzige Lieder für die Kinderparty, den Kinderkarneval, Kindergeburtstag oder einfach nur so, für richtig gute Laune. Auf diesem Album zieht HEINER so ziemlich alle Register, und es macht richtig Lust auf die nächste Kinder Party. Ob zur Polonaise im Kinderkarneval oder zum gemeinsamen Singen beim Kindergeburtstag, auf dieser CD ist immer das passende Lied. Selbst für die Spielklassiker der Kinder Party, wie Topfschlagen, Musik Stopp oder Reise nach Jerusalem gibt es den passenden Titel. Diese CD macht einfach Spaß und gehört in jede Kinder-Disco.

ISBN 978-3-941923-86-7

## Fritze Rollerschuh und seine Freunde

Die CD wurde in der dritten Auflage neu überarbeitet und erscheint seit 2011 als „Premium-Edition". Rund um den Titelhelden *„Fritze Rollerschuh"* werden eine Vielzahl verschiedener Themen behandelt. Ernstes steht gleichberechtigt neben Lustigem, Sinnvolles neben kleinen Blödeleien. Dadurch entsteht eine Dynamik, die diese CD niemals langweilig werden lässt. Man trifft sogar alte Bekannte, wie der *„Peter von der Polizei"* oder dem *„Wackelzahn"*.

ISBN 978-3-941923-42-3

## Wir tanzen im Winter

12 Hits für die Winterzeit zum Tanzen, Bewegen, Singen und Musizieren. Mit dieser CD tanzen die Kinder *„wie Schneeflocken im Wind"*, und selbst ein Schneemann wird zum Superstar und schwingt das Tanzbein. Mit Schwung geht's durch die Winterzeit. Am Rodelhang gibt es eine rasante Schlittenfahrt oder eine *„heiße Schlacht im kalten Schnee"*. Mit viel Bewegung heizen die rockigen Lieder von HEINER mächtig gegen die winterliche Kälte ein. Und dann wird es weihnachtlich, bevor zum Schluss das vergangene Jahr gebührend verabschiedet wird.

EAN 4260325960106

# Christian Hüser

Star der Kinder

www.christianhueser.de
www.facebook.com/christianhueser

Christian Hüser, Kinderliedermacher und Pädagoge aus dem Emsland, ist ein Garant für gelungene Kinderkonzerte, bei denen Mitmachen und Mitsingen ganz groß geschrieben wird. Mit ihm macht Live-Musik richtig Spaß. Die Freude in den Kinderaugen ist Christians Motivation, und das Lächeln auf den Gesichtern der Eltern spornt ihn immer wieder an, neue Lieder für Kinder zu schreiben. Diese präsentiert er jährlich während vieler Live-Auftritte in Deutschland und dem gesamten deutschsprachigen Raum.

Es sind bisher mehr als ein Dutzend Tonträger erschienen, alle mit modernen und poppigen Sounds, tanzbaren Beats sowie pädagogisch wertvollen Texten.

Neben seiner Kindermusik ist Christian Hüser als Pädagoge erfolgreich etabliert. Er hat mehrere Musicals-, Theater-, Spiel- oder Zirkusprojekte mit Kindern und Jugendlichen umgesetzt. In Fort- und Weiterbildungen sowie Seminaren vermittelt er Erzieherinnen und Erziehern, wie man erfolgreich und kreativ den täglichen Herausforderungen mit Kindern begegnen kann.

# Die besten Freunde

Beruflich und privat fühlen Heiner Rusche und Christian Hüser sich stark verbunden. Gemeinsam realisieren sie unterschiedlichste Kindermusikprojekte.
Als Duo treten sie unter dem Namen *„Die besten Freunde"* auf. Dann gibt es Kindermusik gleich im Doppelpack.

www.die-besten-freunde.com

www.ingramcontent.com/pod-product-compliance
Lightning Source LLC
La Vergne TN
LVHW080054090426
835513LV00031B/1236